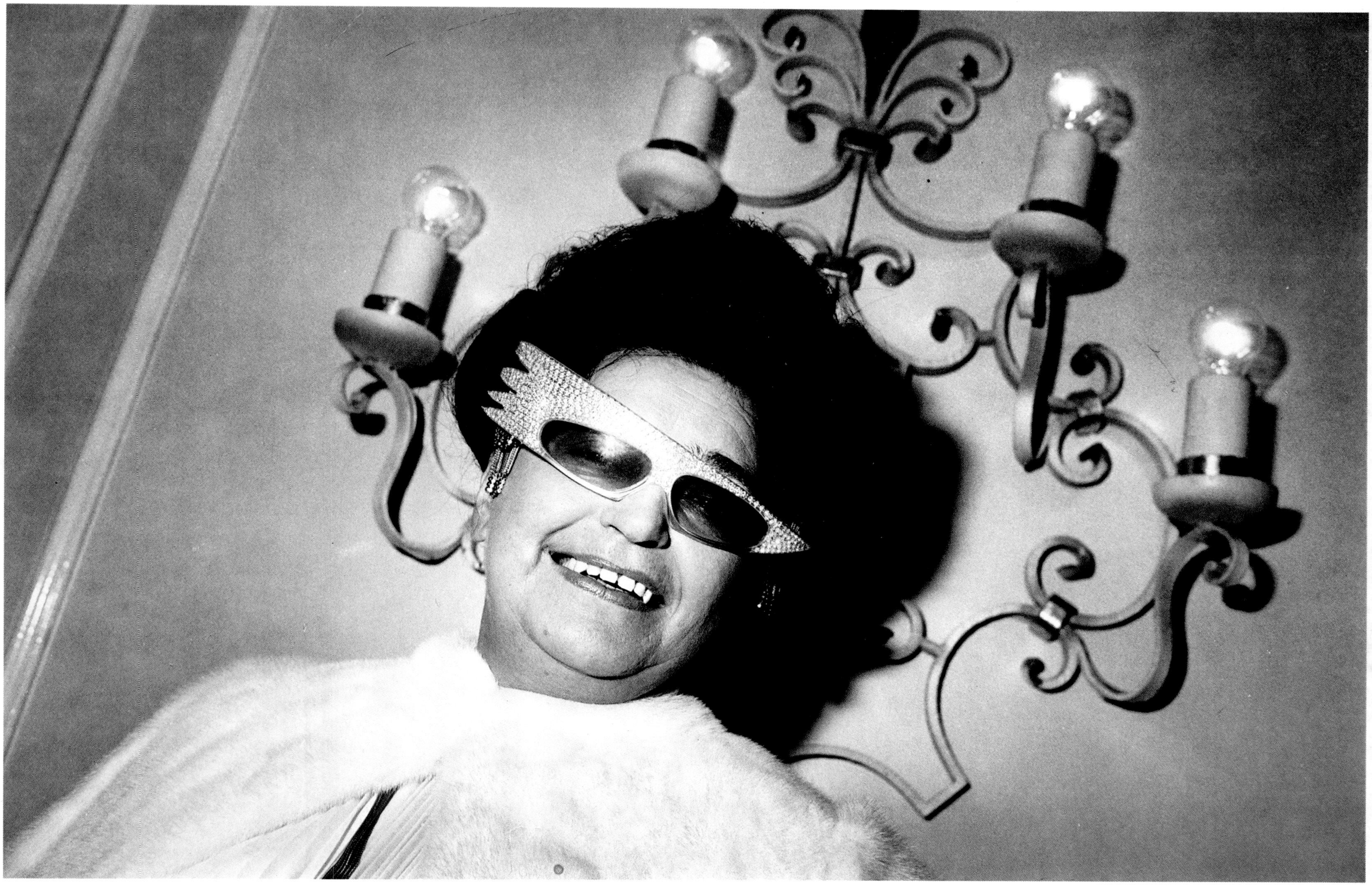

DELPHI 1031.

DELPHI. Verlegt bei Franz Greno in Nördlingen.

Auf einer niedrigen Stufe der barbarischen Kultur ist die Tätigkeit der Männer genauso unentbehrlich für das Gruppenleben wie die Arbeit der Frauen; unter Umständen tragen die Männer ebensoviel zur Beschaffung von Nahrung und sonstigen Notwendigkeiten bei. Der »produktive« Charakter der Männerarbeit ist hier in der Tat so augenfällig, daß die Jagd in der ökonomischen Literatur als typisches primitives Gewerbe gilt. Doch entspräche dies keineswegs der Auffassung eines Barbaren. In seinen eigenen Augen steht er nämlich weder mit den Frauen auf einer Stufe, noch darf sein Bemühen mit der weiblichen Plackerei gleichgesetzt und mit gewöhnlicher Arbeit verwechselt werden. Alle barbarischen Gesellschaften sind zutiefst von der Ungleichartigkeit männlicher und weiblicher Arbeit überzeugt. Die erstere mag zwar ebenfalls dem Fortbestand der Gruppe dienen, doch wird sie als so ausgezeichnet und so hervorragend empfunden, daß sie nicht ohne Herabwürdigung mit der langweiligen Emsigkeit der Frauen verglichen werden kann.

Gehen wir auf der kulturellen Stufenleiter noch einen Schritt zurück, nämlich zu den wilden Völkern, so erscheint die Arbeitsteilung noch weniger ausgeprägt und die diskriminierende Unterscheidung zwischen verschiedenen Klassen und Tätigkeiten noch weniger fest oder streng. Eindeutige Beispiele einer derart primitiven Kultur lassen sich schwer beibringen. Es gibt nämlich nur wenige Gruppen oder Gemeinschaften – *Wilde* genannt –, die nicht vermuten ließen, daß sie einst auf einer höheren kulturellen Stufe standen. Immerhin sind bei einigen Gruppen die Merkmale primitiver Wildheit offenbar nicht das Ergebnis einer Rückbildung, sondern sie sind ursprünglich. Eine solche Kultur unterscheidet sich von der barbarischen durch das Fehlen einer vornehmen Klasse und weitgehend auch durch das Fehlen jener Geisteshaltung, auf der die Institution einer solchen Klasse beruht. Diese primitiven Gemeinwesen, bei denen sich keine wirtschaftlich bedingte Hierarchie von Klassen feststellen läßt, bilden nur einen verschwindend kleinen Teil der Menschheit.

Die Gebräuche und die kulturellen Einrichtungen einer auf einer niederen Entwicklungsstufe stehenden Gesellschaft weisen darauf hin, daß die vornehme Klasse allmählich, im Übergang von der primitiven zur barbarischen Stufe, entstanden sein muß – genauer ausgedrückt im Übergang von einem friedlichen zu einem vorwiegend kriegerischen Lebensstil. Die für die Entstehung dieser Klasse notwendigen Voraussetzungen scheinen folgende zu sein: 1. Der Lebensstil der Gesellschaft muß räuberisch sein, das heißt, er muß in Krieg, Jagd oder beidem zusammen bestehen, mit andern Worten müssen die Männer, die in diesem Falle die im Entstehen begriffene müßige Klasse bilden, daran gewöhnt sein, anderen Wesen durch Gewalt oder List Schaden zuzufügen. 2. Das zum Leben Notwendige muß so leicht zu beschaffen sein, daß ein ansehnlicher Teil der Gesellschaft von der täglichen Arbeit befreit werden kann. Die Institution einer vornehmen Klasse ist damit das Ergebnis einer frühen Unterscheidung zwischen verschiedenen Tätigkeiten, einer Unterscheidung, der gemäß die einen Tätigkeiten wertvoll, die anderen unwürdig sind. Wertvoll sind danach jene Beschäftigungen, die man als Heldentaten bezeichnen kann, unwürdig hingegen alle jene notwendigen und täglichen Plackereien, die gewiß nichts Heldenhaftes an sich haben.

Der spezialisierte Güterkonsum als Zeugnis finanzieller Macht hatte allerdings schon lange vor dem Auftauchen einer Dame des Hauses begonnen, sich zu einem mehr oder weniger zusammenhängenden System zu entwickeln. Ja, die beginnende Differenzierung des Konsums liegt wohl sogar weiter zurück als das Erscheinen jener Macht, die wir mit einigem Recht als finanziell bezeichnen können. Man kann diese Differenzierung bis in die Anfangsphasen der räuberischen Kultur zurückverfolgen, und man darf sogar vermuten, daß ihr Ursprung noch weiter zurückliegt. Die primitivste Differenzierung im Konsum von Gütern gleicht der späteren – mit der wir alle vertraut sind – insofern, als sie ebenfalls konventionellen Charakter besitzt, unterscheidet sich aber von ihr darin, daß sie nicht auf einem Unterschied im akkumulierten Reichtum beruht. Der Wert des Konsums als Zeuge des Reichtums ist abgeleitet und stellt eine Anpassung an einen neuen Zweck dar.

In der frühen Phase der räuberischen Kultur besteht die einzige wirtschaftliche Differenzierung in der groben Unterscheidung zwischen einer ehrenvollen Oberklasse, die sich aus den körperlich kräftigen Männern zusammensetzt, und einer gemeinen Unterklasse, der die arbeitenden

Frauen angehören. Gemäß dem Lebensideal jener Zeit ist es Aufgabe der Männer, das zu verbrauchen, was die Frauen erzeugen. Der Konsum der Frauen steht hingegen in engem Zusammenhang mit ihrer Arbeit, das heißt, er soll ihnen diese zwar ermöglichen, jedoch weder dem Komfort noch dem Lebensgenuß dienen. Der unproduktive Konsum ist zunächst als Zeichen der Tapferkeit und der Menschenwürde, später an und für sich ehrenvoll, vor allem was den Verbrauch besonders wünschenswerter Dinge betrifft. So werden bestimmte ausgewählte Nahrungsmittel oder seltener Schmuck für Frauen und Kinder und – wenn es sie gibt – für jene Männer tabu, die zu den Frauen gerechnet werden. Mit dem Fortschritt der Kultur kann sich dieses Tabu in eine mehr oder weniger strenge Sitte verwandeln. Ob nun aber die theoretische Grundlage dieser Unterscheidung in einem Tabu oder in einer Konvention besteht, so verändert dies die wesentlichen Züge des herkömmlichen Konsumschemas kaum. Im scheinbar friedlichen Kulturstadium mit seiner grundlegenden Institution der Sklaverei herrscht allgemein das mehr oder weniger streng angewendete Prinzip vor, wonach die niedrige arbeitende Klasse nur soviel konsumieren darf, wie sie unbedingt zum Leben braucht. Der Luxus und die Annehmlichkeiten des Lebens, bestimmte Speisen und vor allem bestimmte Getränke bleiben unter der Herrschaft des Tabus der müßigen Oberklasse vorbehalten.

Der wohlerzogene müßige Herr sieht die Welt unter dem Gesichtspunkt einer persönlichen Beziehung, weshalb das kognitive Interesse – sofern es vorhanden ist – versuchen muß, die Erscheinungen auf dieser Grundlage zu systematisieren. In dieser Lage befindet sich der Gentleman der alten Schule, dessen der müßigen Klasse zugehörigen Ideale erhalten geblieben sind, und in genau derselben Situation sehen sich auch seine Nachkommen, insofern als ihnen die Tugenden der müßigen Klasse in ihrer Gesamtheit als Erbschaft zufielen. Doch sind die Wege der Vererbung dunkel, und nicht jeder Sohn eines Edelmannes ist ein geborener Schloßherr. Die Vermittlung von räuberischen Denkgewohnheiten ist besonders bei jenen Geschlechtern gefährdet, die nur eine oder zwei Generationen lang dem Einfluß der müßigen Klasse ausgesetzt waren. Die Chancen, daß sich eine starke ererbte oder erworbene Neigung für die Ausübung intellektueller Tätigkeiten bemerkbar macht, sind vor allem bei jenen Mitgliedern der müßigen Klasse groß, die einst aus den unteren oder mittleren Klassen aufstiegen, das heißt also bei Leuten, welche die den arbeitenden Klassen eigenen Fähigkeiten erbten und die ihre Stellung in der müßigen Klasse dem Besitz von Eigenschaften verdanken, die heute schwerer wiegen als zu jenen Zeiten, in denen sich der Lebensplan der müßigen Klasse zu formen begann. Doch daneben gibt es auch eine Anzahl von Individuen, in denen das neiderfüllte Interesse nicht so stark ist, als daß es die theoretischen Ansichten bestimmen könnte, und die eine so starke Liebe zum Denken verspüren, daß sie sich der Wissenschaft weihen.

Die Gelehrsamkeit verdankt das Eindringen der Wissenschaft zum Teil diesen irrenden Sprößlingen der müßigen Klasse, die dem Einfluß der neueren Tradition der nichtpersönlichen Beziehungen unterlagen und die außerdem gewisse Fähigkeiten erbten, die sich von den dominanten Merkmalen jenes Temperaments unterscheiden, welches die ständische Herrschaft kennzeichnet. Doch sie verdankt das Vorhandensein wesensfremder wissenschaftlicher Kenntnisse in noch höherem Maße gewissen Mitgliedern der arbeitenden Klassen, deren materielle Verhältnisse es ihnen erlaubten, ihr Interesse anderen Dingen als der Sorge um den Lebensunterhalt zuzuwenden und deren vererbte Fähigkeiten älter sind als die ständische Herrschaft, und zwar in dem Sinne als weder der Neid noch anthropomorphe Vorstellungen ihr Denken beherrschen. Von diesen beiden Gruppen, die zusammen die treibende Kraft des wissenschaftlichen Fortschritts ausmachen, ist es die letztere, die am meisten zu diesem Fortschritt beigetragen hat. Beide scheinen nicht so sehr die Quelle als vielmehr die Träger des wissenschaftlichen Fortschritts zu sein; in einem gewissen Sinne sind sie Werkzeuge der Verwandlung, mit deren Hilfe jene Denkgewohnheiten, die sich der Gesellschaft durch den Kontakt mit der Umwelt und durch die Ansprüche des modernen sozialen Lebens und der mechanischen Industrie aufdrängen, für das theoretische Wissen brauchbar gemacht werden.

Die Wissenschaft im Sinne einer ausdrücklichen Anerkennung des kausalen Ablaufs der Erscheinungen – ob physischer oder sozialer Natur – ist erst zu einem Merkmal der westlichen Kultur geworden, seitdem sich der Arbeitsprozeß allmählich zu einem Prozeß mechanischer Vorrichtungen entwickelte, wobei die Aufgabe des Menschen in der Unterscheidung und der Bewertung materieller Kräfte besteht. Die Wissenschaft erblühte in dem Maße, in dem sich das Arbeitsleben der Gesellschaft diesem Wandel unterzog und in dem das industrielle Interesse das soziale Leben zu beherrschen begann. Und die Wissenschaft, vor allem die wissenschaftliche Theorie, eroberte die verschiedenen Bereiche des menschlichen Lebens und Wissens in dem Maße, in dem jeder dieser verschiedenen Bereiche mit dem Arbeitsprozeß und den ökonomischen Interessen in Berührung kam – oder vielleicht richtiger gesagt in dem Maße, in dem es jedem von ihnen gelang, sich von der Vorstellung persönlicher, ständisch geregelter Beziehungen und den daraus abgeleiteten Begriffen der Ehre, des Wertes und der frommen Schicklichkeit zu befreien.

Erst seitdem die Forderungen des modernen industriellen Lebens die Anerkennung des kausalen Ablaufs im praktischen Verkehr des Menschen mit der Umwelt erzwungen haben, ist damit begonnen worden, nicht nur die Erscheinungen dieser Umwelt, sondern auch jene Gegebenheiten in kausale Begriffe zu fassen, die sich aus dem Kontakt des Menschen mit dieser Umwelt ergeben. Während die höhere Bildung auf dem Gipfel ihrer Entwicklung – als sie ihre vollkommenste Blüte in der Scholastik und in der Klassik erreicht hatte – ein Nebenprodukt des Priesteramtes und des müßigen Lebens darstellte, ist die moderne Wissenschaft ein Nebenprodukt des industriellen Prozesses. Dank einer Gruppe von Männern – Forschern, Gelehrten, Wissenschaftlern, Erfindern –, von denen fast alle ihre bedeutsamsten Leistungen außerhalb der Universitäten vollbrachten, haben die durch das moderne industrielle Leben erzeugten Denkgewohnheiten einen zusammenhängenden Ausdruck gefunden und sind als theoretisches System, das sich mit den kausalen Abläufen der Erscheinungen befaßt, ausgearbeitet worden. Und aus diesem außerhalb der Schulen gelegenen Bereich der wissenschaftlichen Spekulationen sind Veränderungen in den Methoden und Zielen auch in die Hochschulen eingedrungen.

Der Inhalt der Geschmacksnormen und vor allem des Ehrenkodex ist die Frucht vergangener Zeiten und Umstände, die durch Vererbung oder durch Tradition einer späteren Generation vermittelt wurde; und der Umstand, daß die lange dauernde Vorherrschaft eines müßigen und räuberischen Lebensstils Denken und Standort zutiefst geprägt hat, bildet die ästhetisch genügend legitimierte Grundlage dafür, daß dieser Lebensstil die Geschmacksfragen der Gegenwart noch immer weitgehend bestimmt. Für unsere Zwecke sind die Geschmacksnormen nichts anderes als Gewohnheiten der Rasse, die im Lauf einer mehr oder weniger langen Zeit entstanden, während der man sich daran gewöhnte, gewisse Dinge zu billigen oder zu mißbilligen, das heißt, ein günstiges oder ein ungünstiges Geschmacksurteil über sie abzugeben. Je länger die Gewöhnung dauert, desto berechtigter erscheint die betreffende Geschmacksnorm. All dies trifft selbst in noch höherem Maße auf Ehr- und Werturteile als auf Geschmacksurteile zu.

Doch was auch immer die ästhetische Rechtfertigung des verächtlichen Urteils sein mag, das die Verteidiger der Geisteswissenschaften über die anderen Wissenschaften fällen, und so gewichtig auch die Behauptung ist, wonach die klassische Bildung wertvoller sei, eine wahrere menschliche Natur und einen besseren Charakter schaffe, so betrifft dies unser Problem nicht. Unsere Frage lautet nämlich, wie weit diese Wissenszweige und der Standpunkt, den sie im Erziehungswesen vertreten, ein wirksames kollektives Leben unter modernen industriellen Verhältnissen fördern oder hindern – wie weit sie die Anpassung an die wirtschaftliche Situation erleichtern. Es handelt sich also um eine ökonomische und nicht um eine ästhetische Frage; und die Bildungsmaßstäbe der müßigen Klasse, die sich in der mißbilligenden Haltung der Universitäten gegenüber dem sachlichen Wissen ausdrücken, sind für unsere Zwecke nur von diesem Standpunkt aus zu bewerten. Für diese Zwecke ist die Verwendung von Bezeichnungen wie »edel« und »gemein«, »höher« und »niedriger« nur insofern bedeutsam, als sie die Mentalität und den Standort der streitenden Parteien anzeigt, insofern nämlich als sie besagt, wer für die Würde des Alten und wer für die Würde des Neuen kämpft. Alle diese Bezeichnungen implizieren Ehre beziehungsweise Erniedrigung; das heißt, es handelt sich um Begriffe des neiderfüllten Vergleichs, die letzten Endes den Kategorien des Prestiges zugezählt werden müssen. Mit anderen Worten gehören sie zu jenem Bereich von Ideen, die den Lebensplan unter ständischer

Herrschaft kennzeichnen, sie sind also ihrem Wesen nach Ausdruck des sportlichen Lebens, der räuberischen und animistischen Denkgewohnheiten; sie verraten einen archaischen Standpunkt und eine ebenso archaische Lebenstheorie, die zwar beide dem räuberischen Kulturstadium und der räuberischen Wirtschaftsorganisation, aus denen sie hervorgegangen sind, angemessen sein mögen, die aber vom Standpunkt der wirtschaftlichen Leistungsfähigkeit im weiteren Sinne aus betrachtet nichts anderes als schädliche Anachronismen darstellen.

Aus: THORSTEIN VEBLEN, THEORIE DER FEINEN LEUTE.

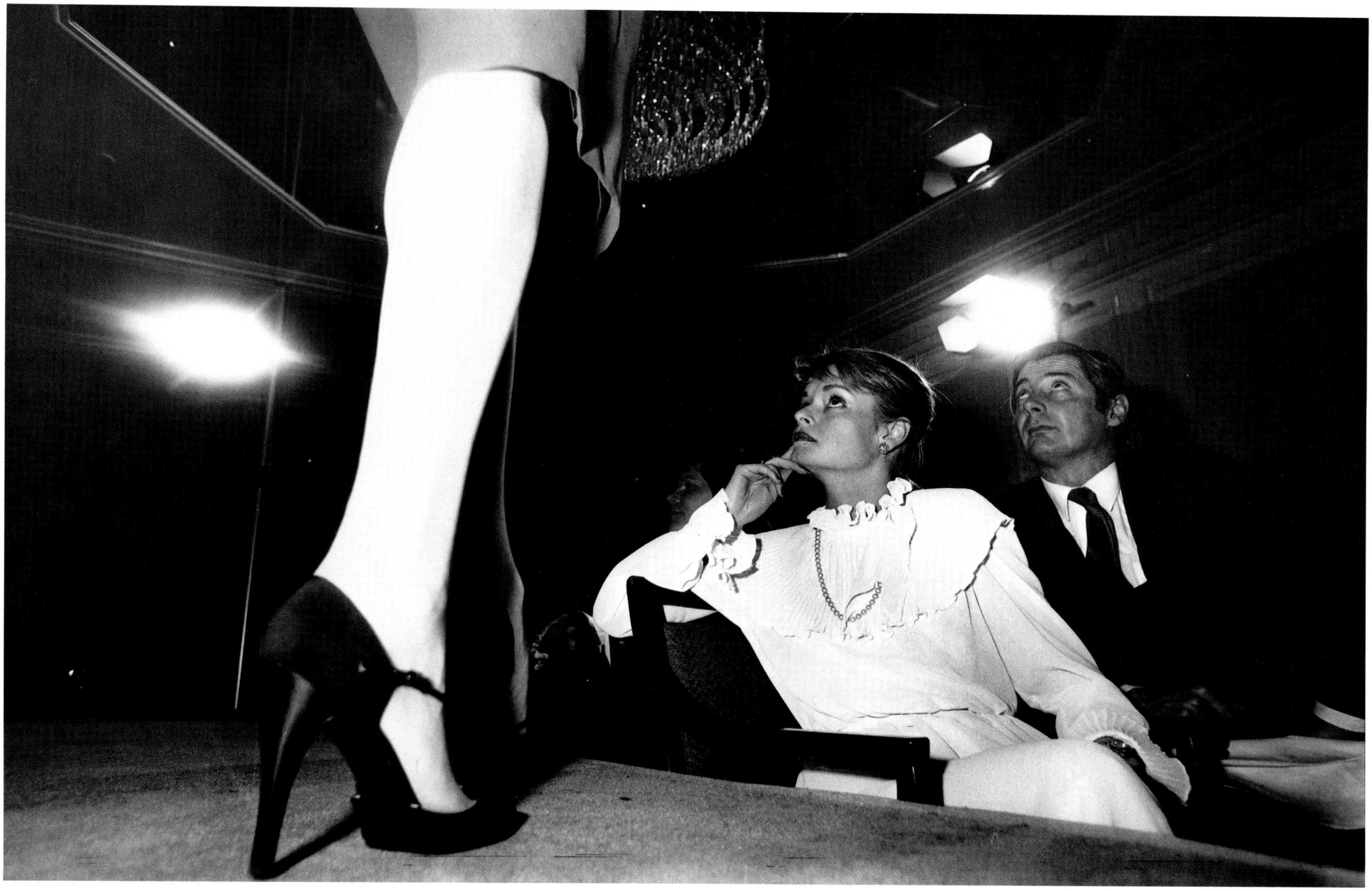

Marlboro

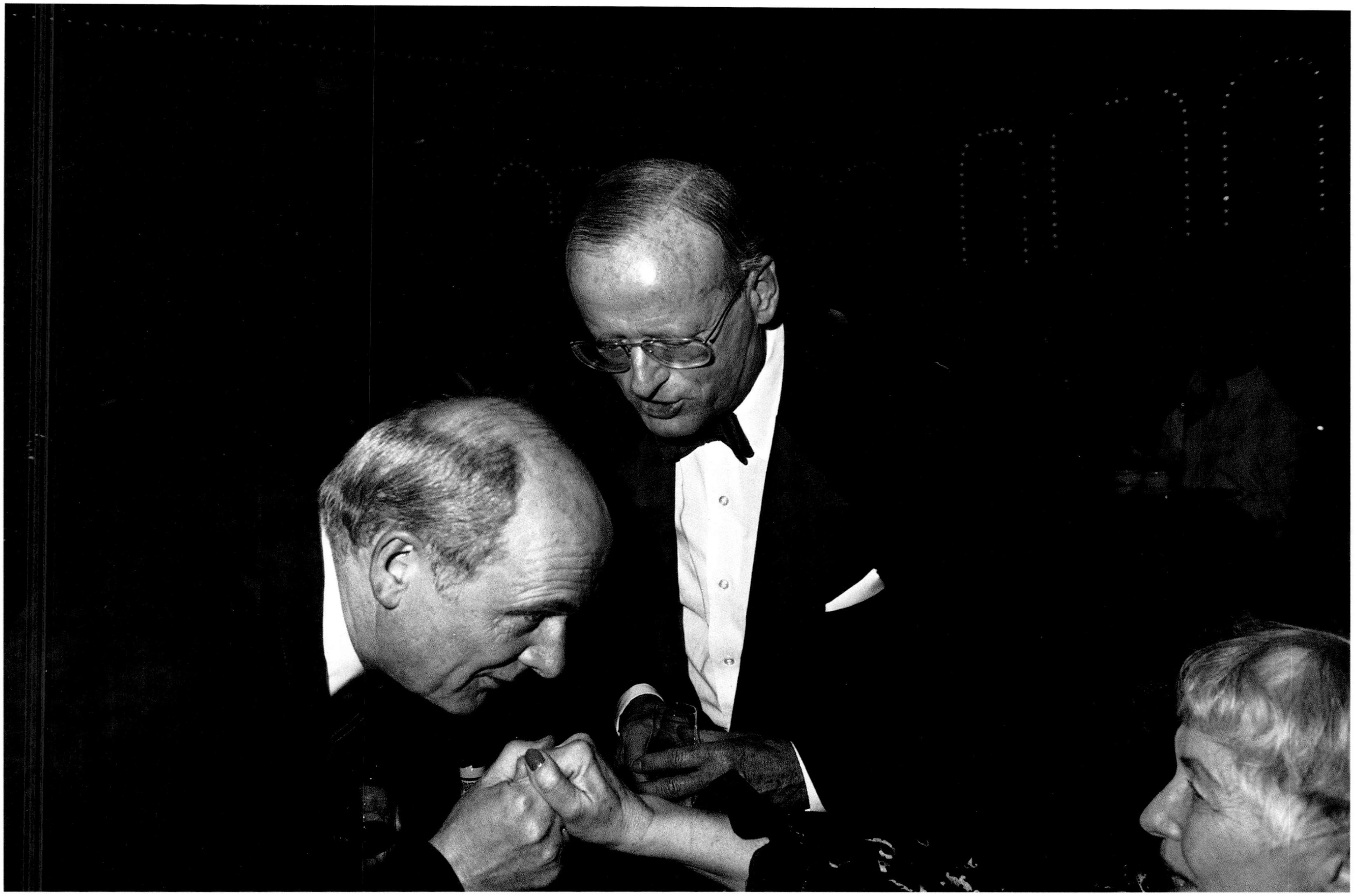

AUSGANG
ARZT

Ballantine's

Nikon

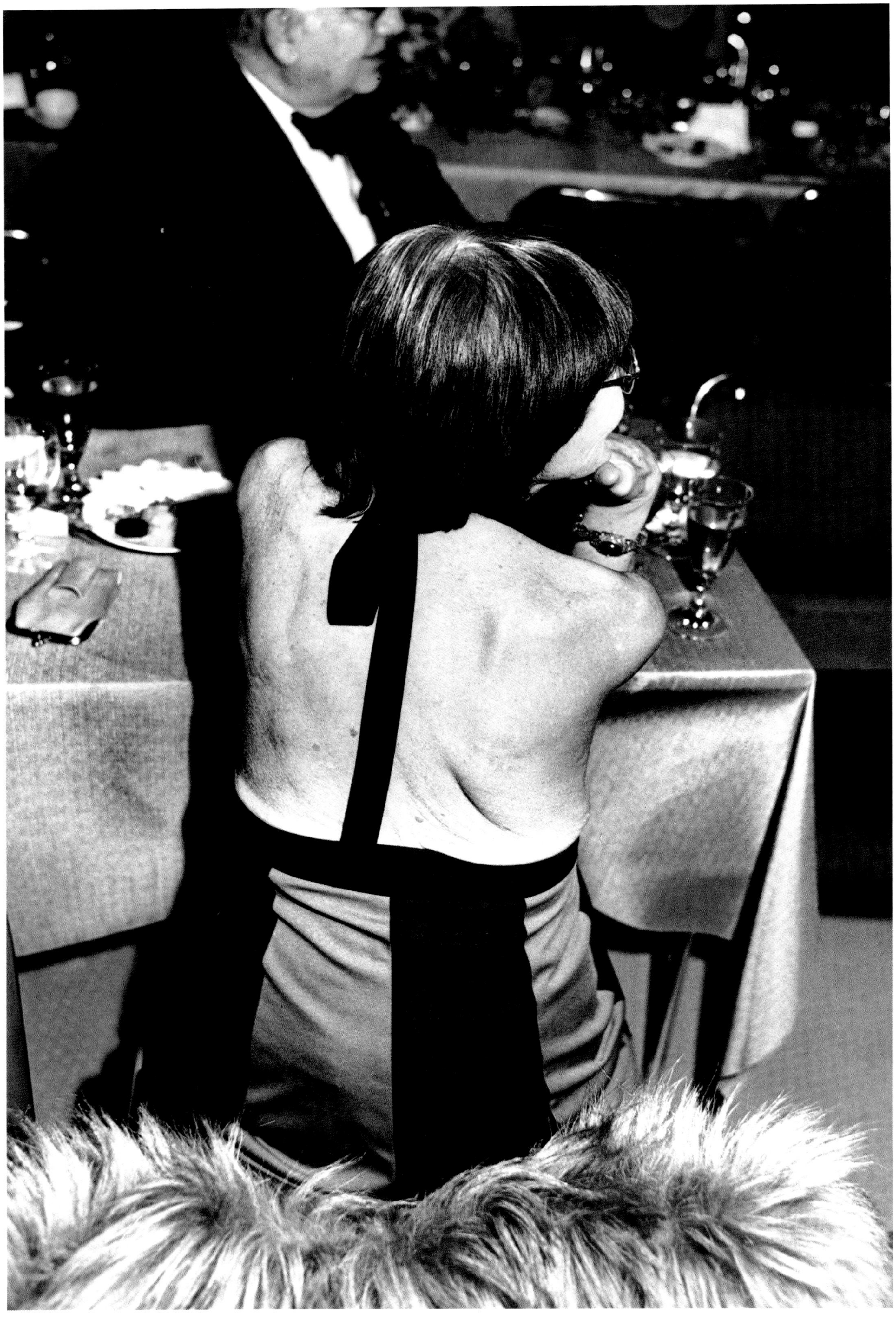

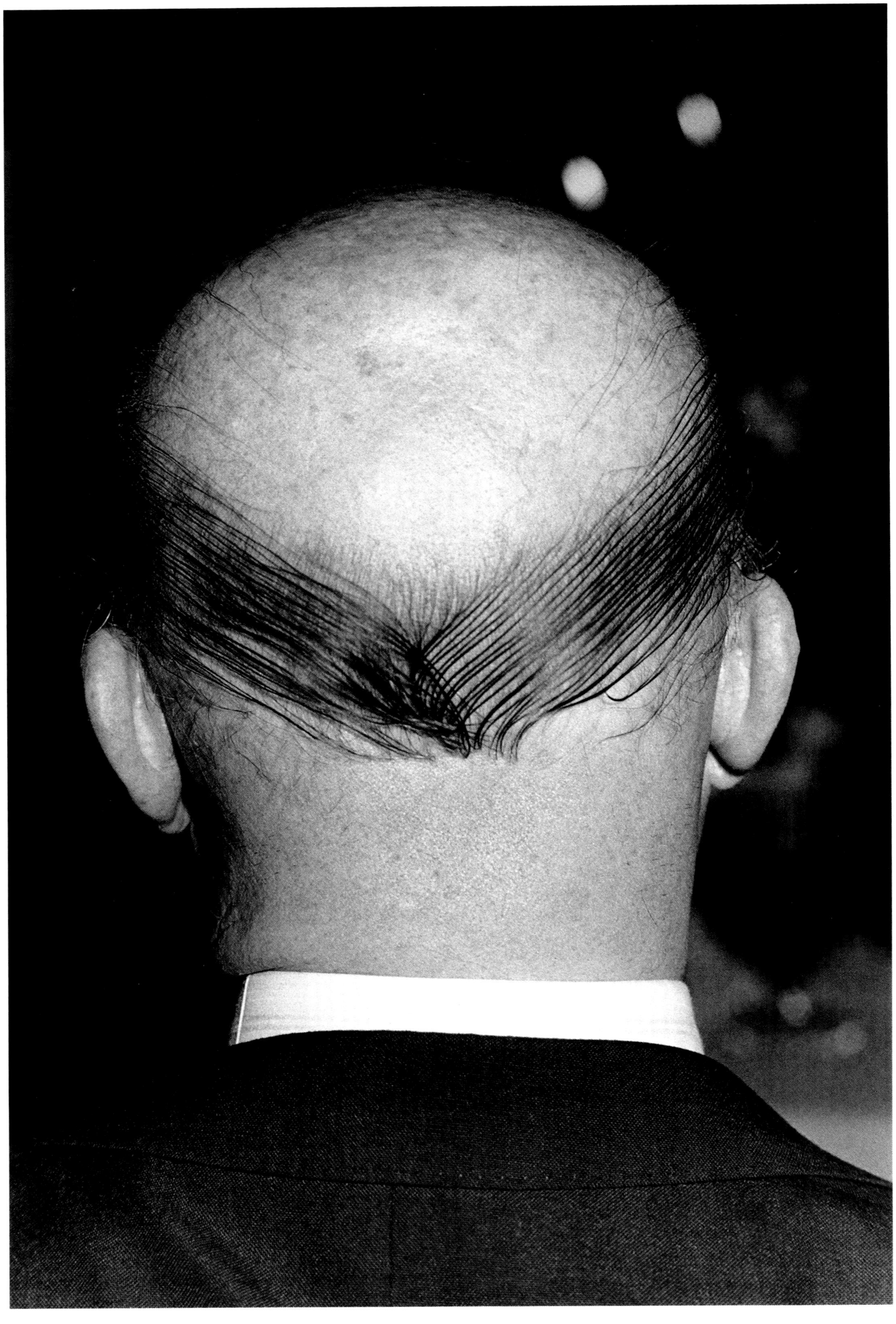

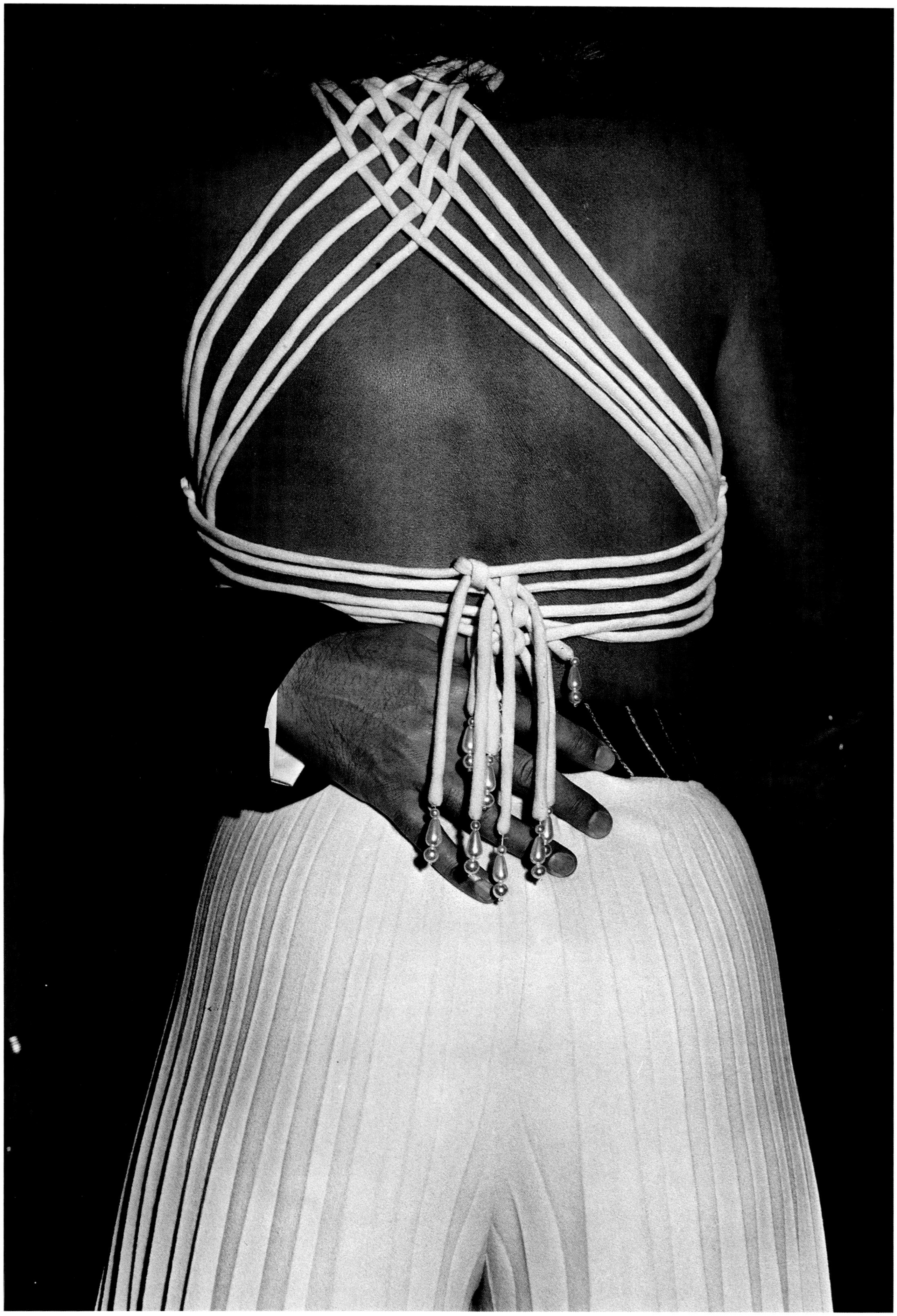

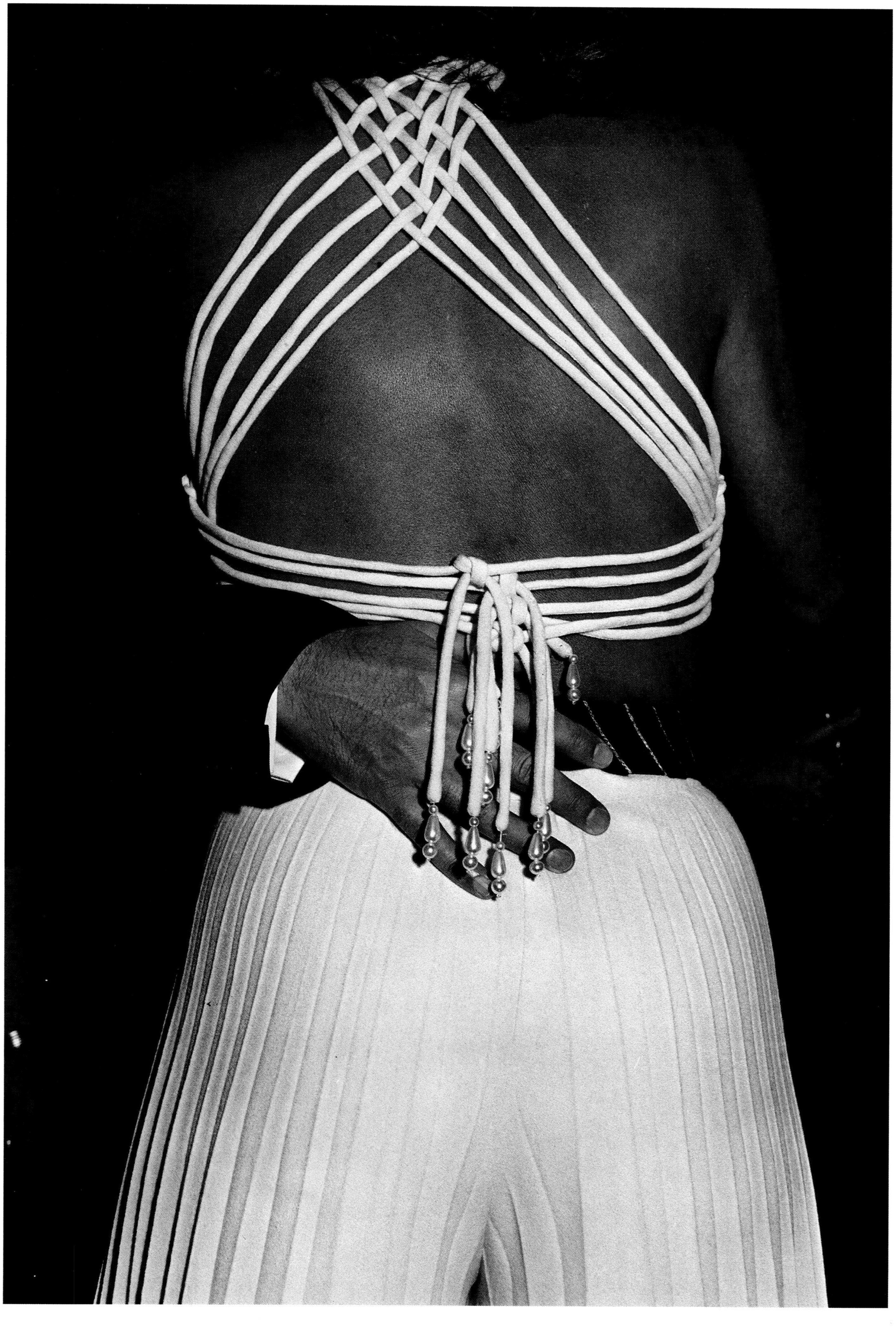

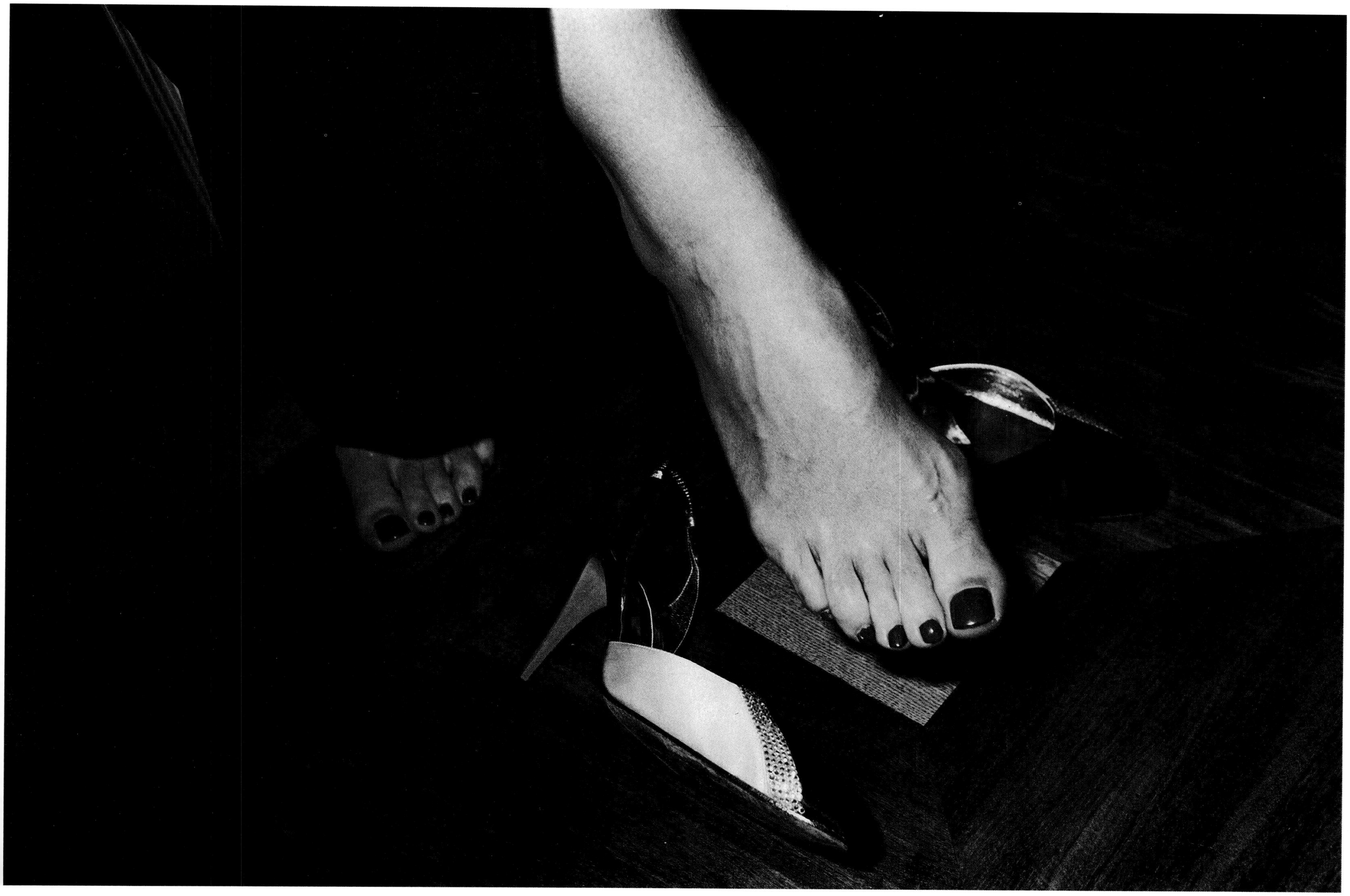

Eiskrem-Konfekt

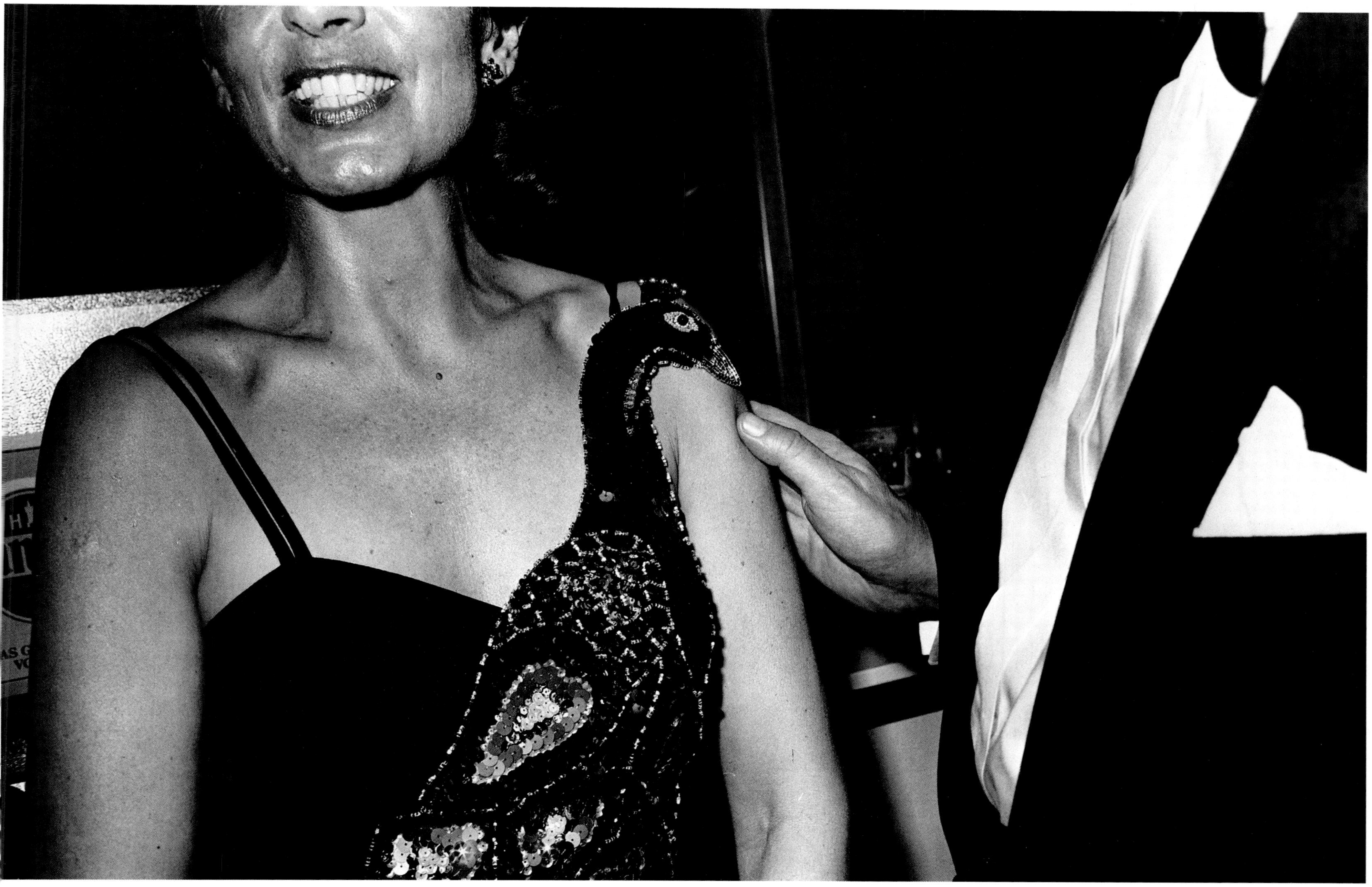

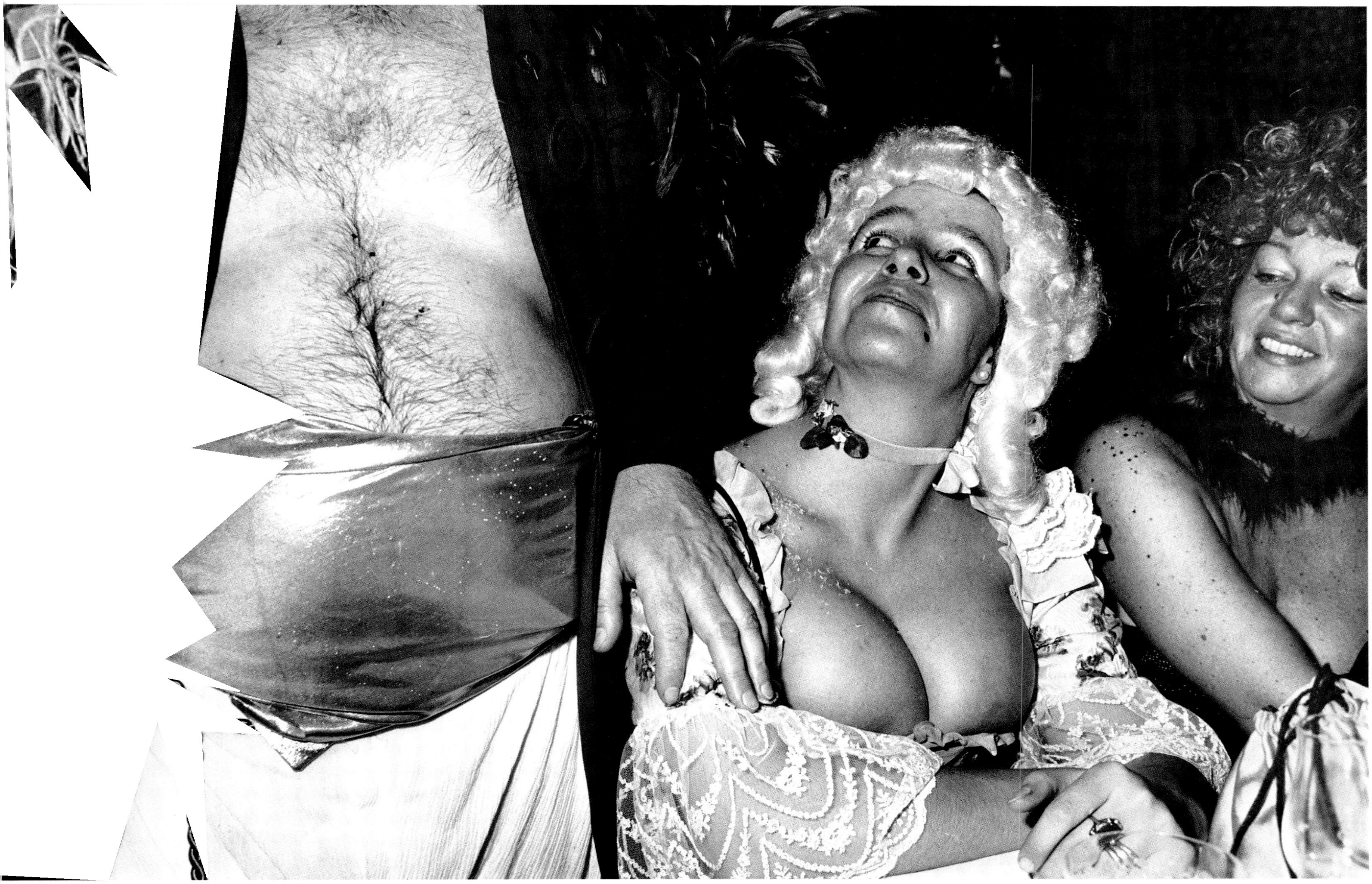

886
883
881
878
862
864
876

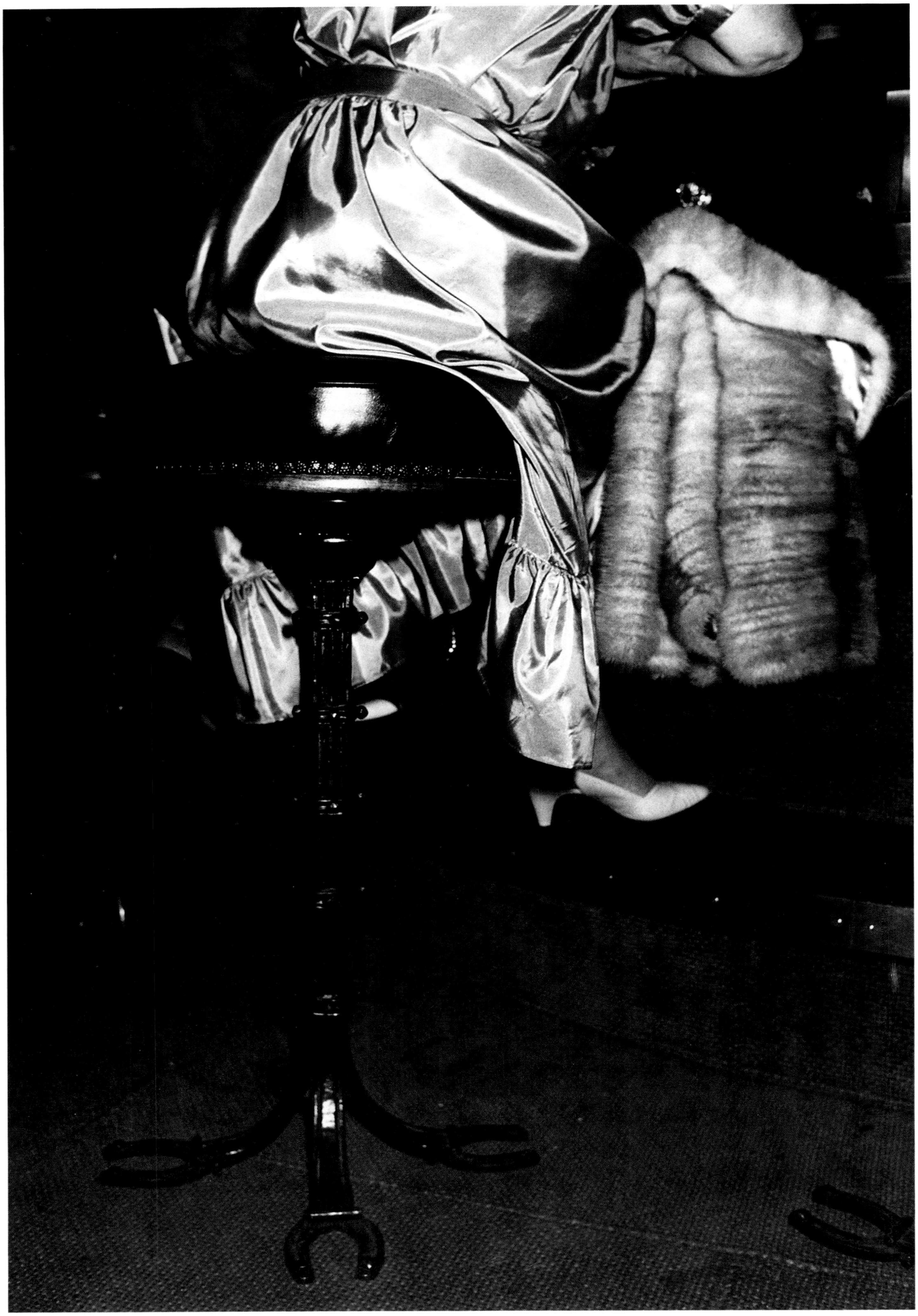

BERLIN
Marlboro

17
SILBERMEDAILLE
FRÄNKISCHE WEIN
Thüngersheim
1981 er
Thüngersheimer
Johannisberg
Kerner
Kabinett
FRANKEN
0,7 l